오늘이 좋아 그래도

靑民 박 철 언 제5시집

도서출판 천우

_____ 님에게

사랑하기에도 짧은 시간들
서로에게 힘이 되고 위로가 되는
따뜻한 동행이 되고자
이 시집을 드립니다.

년   월   일

_____

● 작가의 말

공직생활 30여 년을 끝내고
원래 하고 싶었던 문학으로 귀환한 지 20여 년
비슷한 일과를 반복하는 일상 속에
가끔 내가 그냥 「생각하는 기계」가 아닐까 하는 의문을 가진다.
그러나 잠 오지 않는 늦은 밤이나 이른 새벽
'시(詩)적 영감'이 밀려오고
삶과 죽음, 만남과 이별의 이분법을 허무는
신비로운 깨달음이 올 때면
내가 기계가 아니고 사람임을 확인하고 안도한다.

'시(詩)'는 나를 사람답게 해주는 소중한 보물이다.
시인 등단 27년
그동안 내 '영혼의 울림'으로 쓴 346편의 시를
네 권의 시집에 담아 펴내었다.
독자들의 과분한 사랑을 받았다.

그 후 새로 쓴 87편의 시를 모아 다섯 번째 시집을 펴낸다.
독자들에게 다소나마 위로가 되고 공감이 되기를 기대한다.

2022년 11월
선정릉 숲이 내려다보이는 서재에서

靑民 **박 철 언**

작가의 말 · 5

제 1부 오늘이 좋아 그래도

오늘이 좋아 그래도 · 15
손잡고 걷고 싶었는데 · 16
하늘 · 17
삶과 죽음 · 18
이승과 저승 · 20
너를 보내고 돌아오니 · 22
대자연과 세월과 사랑 · 23
감사하렵니다 행복한 하루에 · 24
인생은 무한대로 흘러가는 한줄기 빛! · 26
2020년 새해를 위한 기도 · 28
순종 잘하는 양떼들인가? · 30
차라리 하얀 겨울 속에 · 31
새해! 새로운 365일 · 32
성찰(省察)의 시작인가 · 34

제 2부 '성공적인 삶'을 묻는 너에게

'성공적인 삶'을 묻는 너에게 · 37

5월 찬미(讚美) · 38

봄은 꽃밭인데 · 39

봄날은 왔건만 · 40

빗속 산책길 소묘(素描) · 41

다시 온 봄의 단상(斷想) · 42

봄비 · 44

초록빛 피멍든 봄날의 새 출발 · 45

연둣빛 봄기운 · 46

봄이여 속히 오라! · 48

사랑의 소망 · 50

2020년 4월의 기도 · 52

임인년, 새해 아침 · 53

5월에는 사랑만 하고 싶습니다 · 54

제 3부 인생은 꽃이다

여름비 구경 · 57

인생은 꽃이다 · 58

권력은 끝없는 욕망이다 · 60

그리움의 그림자 · 62

무더위 이기기 · 63

꿈길에서 만난 그대 · 64

여름 새벽 산길 · 66

수복방(守僕房) 처마 · 67

청도 이서 가는 길 · 68

눈병 · 70

친구의 죽음 · 72

나 혼자만의 사랑 · 74

살아있는 것들의 한계 · 76

살아있는 자의 땅 · 78

비에 젖는 저녁의 차 한 잔 · 80

제 4부 가을밤을 지새운다

원초적 고독에 떨며 · 83

가을밤을 지새운다 · 84

가을인가 · 85

가을의 문턱에서 그대에게 띄우는 편지 · 86

10월의 화려한 날에 · 87

님에게 가는 길 · 88

가을바람 · 90

잔잔한 즐거움이 · 92

늦가을 비 · 93

가을의 길목 · 94

11월의 회상과 기도 · 95

고향을 떠나면서 · 96

늦가을의 기도 · 98

비 내리는 가을밤에 · 99

가을에 쓰는 손 편지 · 100

제 5부 밤눈과 정아와 나

가슴속의 등불 · 103
밤눈과 정아와 나 · 104
첫눈에 기대어 · 106
눈(雪)과 행복 · 107
눈이 내리는데 · 108
함박눈 · 109
와이키키 해변의 겨울 휴가 · 110
코로나 바이러스 우울증 · 112
집으로 가는 길 · 114
늙은이의 섣달 그믐날 · 116
추억의 도시로 가는 길 · 118
불어라 봄바람! · 119
목감기 · 120

제 6부 내 삶에 종말이 올 때

박목월 생가에 다녀와서 · 123

프로메테우스는 어디에? · 124

내 삶에 종말이 올 때 · 126

부다페스트 회상 · 128

일제강점기 미술과 문학이 만났을 때 · 130

욱수천 공룡 발자국 · 132

오호! 부다페스트 다뉴브강의 대참사(大慘事) · 134

발왕산 기(氣) 스카이워크 · 136

새벽 보문호의 산책길 · 138

감포 앞바다 · 139

체스키 그롬로프 성(城) · 140

딴 세상 · 141

독일 쾨니히슈타인 성(城)에 다녀와서 · 142

꿈이 이루어지는 길 · 144

남태평양이여 안녕! · 146

북해도(北海道)의 가을 · 148

수필

"어머니" 소리만 들어도 가슴이 찡해오고 · 150

치열하게 사시다 불현듯 떠나신 아버지 · 154

제 01부

오늘이 좋아 그래도

오늘이 좋아 그래도

고단한 살림살이
숱한 근심 걱정
사랑하는 이들이 떠나가고
영혼마저 갉아 먹는
고통의 오늘이라도

소라 빛 하늘, 한줄기 바람
빛나는 햇살, 구름과 비
눈 내리는 저녁
별이 반짝이는 밤
아름다운 산천(山川)

새벽길을 걷고
열성껏 일하고
꽃을 심고 나무를 가꾸고
함께 따스한 차 한 잔 할 수 있는
오늘이 좋아
그래도

손잡고 걷고 싶었는데

연초록 잎새와 봄꽃들이 피어나는
새벽 산책길에
손잡고 걷고 싶었는데
비에 젖은 여름 장미를 보면서
우산을 함께 쓰고 걷고 싶었는데

코로나 바이러스로 가지도 오지도 못한 채
매미소리 고추잠자리도 사라져 가고
벌써 코스모스가 하늘거리고 있는데
우리에게 남아 있는 시간이 길지 않는데

나 홀로 비 구경 하다가
반바지에 우산 쓰고
퍼붓는 빗줄기에 젖으며
도심(都心)을 걷고 있네

하늘

동트는 새벽의 신비로운 하늘
아름다워라

도전의 땀이 배인 뭉게구름과
소라빛 하늘
아름다워라

폭풍우 몰아치는 검푸른 하늘
아름다워라

뉘엿뉘엿 저물어가는 애잔한 하늘
더욱 아름다워라

삶과 죽음

아버지 가신지 30여 년
어머니 묻은지 3년여
고향 근처 공원에 두 분을 모셨지만
5월 중순 묘지에는
잡초가 무성하다

강추위에 떨면서 오른 지난겨울에는
캄캄한 땅속에서 얼마나 추우실까
마음이 너무 무거웠는데

연초록이 짙어지는 5월 묘지는
두터워지는 햇살과
실바람이 노닐고 있어
그래도 평안하다

육신과 영혼
천당과 지옥
극락과 내생(來生)
깊은 상념에 젖지만
어느 것에도 결론은 없다

다만
삶과 죽음이 일맥
상통한다는 것
신록을 덮고 누운 묘지와
푸른 하늘을 이고 선
이승이 다 같음이라

이승과 저승

엊그제는, 거대한 바다와 수평선 위로
솟아오르는 남태평양의 햇살을 보면서
신비스런 영감에 젖었는데
지금 나는, 구름층 위를 유유히 날고 있다
태양은 비행기 위로 이글거리며 타고 있다

육신이 장례식에서 한 줌 재로 변할 때
영혼은 49일간 방황하다가
극락(極樂)으로 왕생(往生)할 수 있다는데
열심히 기도하고 십일조 헌금을 성실하게 실천하면
천당(天堂)에 간다는데

내가 알던 고명하신 신부님
목사님이나 스님의 영혼은
지금쯤 어디서 어떻게 지내실까?

천당에서 영생하고
극락에서 왕생할 수 있다는데
왜 성직자들조차 저승사자를 두려워할까
이승에서 복록(福祿)을 누리고자 애쓸까

하느님이 계셨으면 좋겠다
극락도 천당도 있었으면 좋겠다
그러나 누구도 확신이 없으면서도
말만 확신에 찬 듯 하는구나

오호! 딱하도다 딱해!

너를 보내고 돌아오니

너를 보내고 돌아오는 길
어느새
온 동네가 텅 비어있다

뜨겁던 태양도 식어 버리고
나뭇가지를 흔들던 바람도
슬그머니 가 버렸다

너를 보내고 돌아오니
그새 져 버린 자귀꽃처럼
모든 것이 다
시들시들해졌다

손 흔들고 뒤돌아서 가던
너를 보내고 와서
나만 혼자 캄캄한 어둠속에 앉아

손톱만큼 남기고 간
네 마음 한 자락
부둥켜안고 있다

대자연과 세월과 사랑

봄은 연둣빛에 핑크
초록과 청색의 여름
가을은 오렌지와 갈색
블랙 앤 화이트의 겨울

하늘 그리고 달과 별
해와 구름과 바람
눈 비 천둥
강과 호수와 산
사막과 폭포와 바다

우리들 삶을 위한
조물주의 미적 감각
얼마나 기막힌 인테리어인가
너무 신기하고 감사할 뿐

참으로 아름다운 인생이지만
종착역으로 흘러만 가는 세월
사랑하라 지금 사랑하라
진흙탕에 쓰러진다 해도
아름다운 아픔이 아닌가

감사하렵니다 행복한 하루에

이른 아침 눈을 뜨면
나에게 허락된 하루가 있음에
감사하렵니다.

새벽길을 걸으며
속삭이는 바람, 구름과 햇살
계절 따라 변하는 풀과 나무
정겨운 이슬비와 탐스런 함박눈
볼 수 있고 느낄 수 있어 감사하렵니다.

24시점의 커피와 빵
친구들과 즐거운 옛이야기
가족이 함께하는 외식(外食)
또한 감사하렵니다.

이토록 아름다운 세상에 살아 숨쉬며
맑은 영혼으로 한 편의 시를 쓸 수 있음에
감사하렵니다.

좋은 조건들을 가지고도 불만이 많으면
불행한 사람입니다.
여러모로 부족하더라도 지금에 만족하는 사람이
스스로 행복한 사람입니다.

인생은 현재의 연속입니다.
모든 것은 지나가 버립니다.
행복은 기다리는 사람의 것이 아니라
지금 스스로 행복해 하면서
누리는 사람의 몫입니다.

인생은 무한대로 흘러가는 한줄기 빛!

아직도 추운 날씨에
마스크 쓰고 1시간 남짓 걸어
조선 왕릉이 있는
공원으로 나들이 갔다
홀로 벤치에 앉아
거대한 왕릉을 하염없이 바라본다

갑자기 바람이 분다
나의 가슴이 서늘해진다
나의 피는 흐르기를 멈추려고 한다

우리는 이별하기 위해 이 세상에 온 것인가?
고통과 절망이 머리를 짓누르고
바람이 숨가쁘게 분다
심장이 멎을 것만 같다
나를 향해 달려오는 목소리가 들린다
스톱 스톱 스톱하고 소리친다
나는 점점 몽롱해진다
내 옆에 누군가 앉는 소리

그대는 누구인가?
나는 나지막한 음성으로 대답한다
내가 누군지 모르겠다고-
그는 말한다! 나는 성종대왕이라고-
어디서 들어본 이름 같기도 하다

그는 말한다!
삶과 죽음은 경계가 없다
나는 매일 이곳에서 많은 사람을 만난다
때로는 바람이 되어
때로는 별이 되어
또 풀이 되어
나는 끝없이 감미롭고 부드러우며
평화롭고 행복하다

한때는 전생의 무게에 짓눌려
그토록 고통 속을 헤매었지만
나는 지금 무한한 자유와 편안함으로
환희의 극치에 있다
인생은 삶과 죽음이 아니라
무한대로 흘러가는 한줄기 빛이다

2020년 새해를 위한 기도

힘든 일이 너무 많았던 2019년이 저물고
2020년 새해를 맞는다

가까이서는 핵-미사일로 떵떵거리고
오랜 친구나라들과는 멀어지고
우리네 살림살이는 힘들어져 가고
국민들은 갈기갈기 찢어져 버린

안보위기 외교위기
경제위기 분열위기의
총체적 난국에 빠진 이 나라와 국민을
굽어 살피소서 하늘이여!

새해 경자년(庚子年)은 쥐띠 해
상서롭고 힘센 흰 쥐의 해
미키마우스와 같이 행운을 가져오는
새 지도자가 등장하게 하소서!

2020년 새해에는
우리들이 편안하게 먹고 살 수 있도록
축복해 주소서!
발전과 복지, 화합과 통일이라는 시대적 과제를
풀어가는 새 출발의 해가
될 수 있게 해 주소서!

순종 잘하는 양떼들인가?

난데없는 역병(疫病) 창궐에
K방역 세계만방에 자랑하더니

다른 나라들은 마스크 벗고
일상(日常)으로 복귀하는데
백신 확보 못해
사회적 거리두기, 영업제한, 정부비판자제 당부로
아직도 허세를 부리네

촛불 앞장세워 세상 뒤집어 놓고
숱한 사람 적폐몰이 감옥 보내고도
백신바닥 민심(民心)바닥
고달프고 힘든 백성들의 삶

세상 바뀔 때까지
고통을 감내하는 우리 백성들은
순종 잘하는 양떼들인가?

차라리 하얀 겨울 속에

화려하던 가을이 떠나간다.
너무 빨리 간다.
오색찬란하지만
고독과 낭만이 엇갈리던
아름답고 황홀하여
감동적이기조차 하던 가을은
왜 그리 짧은가
가을의 뒷자락을 붙잡아 보지만
허무할 뿐이다.

어느덧 차갑게 다가오는 겨울은
몸을 움츠리게 하는데
두터워지는 옷들의 무게가
차라리 위안과 안정감을 주는
하얀 겨울 속에 잠기고 싶다.

새해! 새로운 365일

12월 31일과 1월 1일 사이에는
부드러운 실크커튼이 가려져 있고
커튼이 열리면 바로 새해가 된다
365일을 살고 나면
또 다른 365일이 문 앞에 와 있다

아침 해가 동녘에서 용솟음치며
힘차게 떠오르고
사람들의 기도소리 박수소리
노랫소리 들으며
심장은 뭉클한 감격과
희망과 기대로 쿵쾅거린다

이 기쁨과 환희는
어디로부터 오는가?
도대체 누구의 선물인가?

지구의 외부(Exterior)는 거대한 하늘 해와 달
바다 강 은하수 구름 바람 비 눈으로,
내부(interior)는 봄 여름 가을 겨울
그리고 수많은 동물들과 식물들 화려한 꽃들로,
이 얼마나 훌륭한 인간의 보금자리인가

사람의 일상은 어떤가
끝없는 욕망과 불만으로 늘 외롭고 우울하다
사람이 만드는 세상은 어지럽고
증오 분노 갈등 전쟁으로 진흙탕이다
인간의 365일은 이렇게 허무하게 흘러간다

위대한 창조주는
다시 한 번 더 노력해 보라고
서로 사랑하고 용서하고 행복하라고
또 다른 365일을 선물로 주는 것인가
오! 2022년 새해
새로운 365일의 선물!

성찰(省察)의 시작인가

봉사하며 사랑하며 살겠다
그 한마디 지키느라 정신없이 살았다
이제 지치고 힘들고 어지럽다

눈이 침침 오래 읽기 어렵고
또렷하게 들리지 않는 대화소리
뒤뚱거리는 기분마저 드는 새벽 운동
당신의 마음도 저만큼 달라져 가고 있다

이제는
느리게 사는 수밖에 없을 듯
성찰(省察)의 시작인가
여든이 되어서야

이승을 떠난 훗날
일과 사랑을 위해 살았다고
기억되길 바란다

제 02부

'성공적인 삶'을 묻는 너에게

'성공적인 삶'을 묻는 너에게

바람처럼 구름처럼 물처럼
잠시 왔다가 훌훌 떠나가는 삶
무엇이 성공적 인생인가?

자주 그리고 많이 웃는 일상(日常)
가까운 사람의 배신을 참아내고
사랑하고 사랑받는 생활

몇 포기 꽃이나 작은 뜰이라도
아름답게 가꾸고
세상을 조금이라도 더
살기 좋은 곳으로 만들고
자기로 인해 단 한 사람의 인생이라도
행복해지게 하는 것

그것이 진정한 성공이 아닐까

5월 찬미(讚美)

연둣빛 이파리가 초록 가지로 바뀌고
푸르름이 더해지는 5월
이팝나무 산딸나무 병꽃나무에
빨간 장미가 만발하는 5월

감미로운 바람
구김살 없는 햇살
미소 짓는 들판은
젊음과 용기와 기쁨을 준다

우리들의 꿈이
당신과의 사랑이
이루어질 것 같은
왠지 좋은 느낌이 드는
5월에는

삶의 환희를 노래하자
살아있는 날들을 찬미하자

봄은 꽃밭인데

봄은 온 세상천지가 꽃밭
산수유 개나리 진달래 먼저 인사하더니
어느새 백목련 철쭉이 눈부시다
산책길 라일락 숨결 드높은데
웃을 때마다 드러나는 하얀 이,
먼 산 이팝나무도
발그레 수줍은 그대 두 볼이
들판에 만발한 복사꽃 되어
사방천지 꽃물 든 세상
강가에도 철둑에도 흐드러진 꽃밭
나비 한 마리 없이 활짝 핀 꽃밭에서
나만 홀로 외로움에 떨고 있구나
아 아 만개한 꽃밭에서
이방인이 되어 꽃구경만 하노라
다시 온 이 봄에

봄날은 왔건만

산수유도 햇살도 노랗게 익어가고
나도 덩달아 그대에게 익어가는 봄날

얼었던 강물이 풀려
북한강 한강 한데 어울려
출렁출렁 평화롭게 흐르는데
세상의 참담한 사연은
봄이 와도 풀리지 못하고
자꾸자꾸 꼬여만 간다

그대와 내가 깊어가도
우리를 싣고 가는 이 세상은 뒤뚱뒤뚱
불안스레 간다
언제쯤 세상에도 포근한 봄이 올는지
산수유 개나리 물드는
한겨울을 녹인 이 봄날

빗속 산책길 소묘(素描)

안개 자욱한 어느 5월
세찬 빗줄기 속의 새벽 산책길

아스팔트 도로 위로
보도블록 인도 위로
빗물은 계속 흘러내리고
우산을 썼지만
내 옷도 흠뻑 젖었는데

헬멧에 엉성한 비옷 입은 아저씨는
청소하느라 분주하고
전동차를 탄 야쿠르트 아주머니는
배달에 여념이 없는데

높은 담장 위 붉은 장미는
더욱 뽐내며 피어있네

다시 온 봄의 단상(斷想)

풀이 자라고 고목(古木)나무에 잎이 피었다
봄이 왔다. 다시
고단한 우리 가슴에도

먼지 끼고 얼룩진 유리창 너머로
흐릿한 풍경이 흔들린다
시간의 틈새를 걷고 싶다
산책길 나서며 생각에 잠긴다

희망의 싹이 튼다는 봄이 왔건만
모두 병들었는데 아무도 아프지 않은 듯
고통의 아우성 속에서도
더디고 피곤한 삶은 끄적끄적 흘러간다

동굴 속의 죄수
우리는 운명의 사형수임을 알고도
태연히 살아간다
무심한 자연은 아름답지만
인간의 비애는 처절하다
행복과 비참이 무슨 차이가 있는가

새봄이 왔으니
가던 길 멈춰 서서
잠시 주위를 바라볼 여유를 가져야지
그럴 틈도 없다면
얼마나 불쌍한 인생인가?

봄비

비가 내린다
봄비
온종일 소리 없이
내린다

앙상한 가지에 물이 오르고
촉촉해지는 대지에
흙 내음이 좋다

안개 자욱한 산책길
나무들 사이로 불어오는
달달한 봄바람 향기

겨우내 외로움에 떨던
아픈 가슴에
포근하게 젖어든다

새싹들의
기지개 소리가 들리는
동네 공원 화단에 사륵사륵
종일토록 내리는 봄비

초록빛 피멍든 봄날의 새 출발
— 윤석열 정부 출범에 부쳐

세상은 온통 초록빛으로
만물이 소생하는 봄인데
코로나 팬데믹은 물러날 줄 모르고
여기저기 산불 화마(火魔)로
피멍 든 국민들 가슴엔
빗물 대신 눈물이 스며든다

기대와 희망 속에 새 정부가 출발하지만
걱정이 태산이구나
진정 국민들 속에서
이념보다는 실용(實用)
정치쇼나 갈라치기가 아닌

자유민주주의 정체성을 똑바로 세우고
외교·안보노선을 바로 잡고
권력남용 부정부패의 적폐를 청소하여
선진복지통일의 기반을 닦으라는
간절한 시대적 바램이
부디 이루어지게 하소서

연둣빛 봄기운

안개비가 좋아 산책길 나서
숲길 벤치에 앉으면
짹짹짹, 깍깍깍, 까악 까악 까악
참새가 까치가 까마귀가
날고 뛰고 걷는다

5년 삶의 참새, 까치는 2년에서 10년
19년 수명의 효성 지극한* 까마귀
저마다 생명줄의 길이는 다르지만
여유로운 날갯짓하며 먹이 찾는다

100년이 천수라는 인간은
일상의 희로애락에 너무 휘둘린다
마음을 비우고 욕심도 버리고
오늘까지 살아있음에
감사하고 만족하고 행복해 하자

돌이킬 수 없는 편도 여행
살아있는 모든 것을 예찬하면서
마른 가지 끝 연둣빛 봄기운을 느끼며
편안한 가슴으로 다시 걷는다

* 반포지효(反哺之孝) : 까마귀새끼가 자란 뒤에 늙은 어미에게 먹이를 물어다 주는 효성.

봄이여 속히 오라!

거리와 지하철과 버스에는
두터운 옷을 걸친
어두운 얼굴들뿐인데
산책길도 가로수도 화단도
메말라 있는데
침울한 실내에서
시간을 죽이고 있는데

산수유, 유채화, 수선화
개나리, 진달래, 목련, 철쭉
달콤한 초록색 바람과
사람들의 웃음소리를
오랫동안 꿈꾸고 있다

새로운 생명의 봄이여
다시 돌아와 시름에 젖은 우리에게
새 희망을 만들어 주렴
찬란한 황금빛 햇살과 함께
놀라운 치장을 하고
봄이여 그래 네가 와야지
미소 지으며 속히 와야지

봄이 오고 있다
그래
우리의 봄이여
속히 오라!

사랑의 소망

그날
어느 꿈결 같은 봄날
그대를 처음 만나
꿈을 꾸는 듯 축복이었습니다

라일락 숨결 드높은 봄길
무지갯빛 성숙의 시간을 보내고
격랑과 방황의 단절된 시간들도
첫눈처럼 애틋한 순백의 그리움으로
견디었습니다

긴 세월 갖가지 사연 속에서도
언제나 가슴은 그대를 안고 살았습니다
수줍은 듯 웃는 모습 기적처럼 만난 그대
떠오르는 해맑은 미소 늘 먼발치로 그리워하면서

언젠가 내 힘이 다하여
함께 할 수 없는 날이 오면
내 영혼이 그대를 포근히 보듬어 드리겠습니다

만날 때의 기쁨이나 행복보다
오래 만나지 못해도 진심이 서로 통하는 그대
세월도 비켜간 모습으로 늘 그곳에
그대로 있어 주기를 간절히 소망합니다

2020년 4월의 기도

메마른 가지마다
신비로운 잎이 돋고
향기로운 꽃이 피는
희망과 환희의 4월

난데없이 습격한 코로나 바이러스에
숱한 사람들이 신음하고 세상을 떠나고
온 나라가 온 세계가 전쟁을 치른다
'방콕'* 에 마스크쓰기에 '사회적 거리두기'* 라는
생소하고 우울한 수칙(守則)

아름다운 생명의 여신이여!
2020년 4월은 어찌 이리 잔인한가
하루빨리 바이러스가 퇴치되고
앞다투어 피어나는 꽃들의 웃음 속에
참 좋은 4월을 우리 함께 즐기며
감격의 봄노래를 부를 수 있게 하소서

* 방콕 : 외출을 않고 방안에 있음을 뜻함.
* 사회적 거리두기 : 지역사회 감염 차단을 위해 실시되고 있는 캠페인. 많은 사람이 모이는 행사 및 모임 참가 자제, 외출자제, 재택근무 확대 등.

임인년, 새해 아침

밤새
지난해의 고통스러웠던 기억들
모두 다 지워 버리고

새해 아침에는
지워진 그 길
아직 발자국 없는 새하얀 길 위에
첫 새벽길 나서며
희망의 발자국
하나 둘 찍으며 간다

그 뒷모습 어깨 위로
가장 먼저 가슴 뜨거운
임인년(壬寅年) 새해 아침에
또 다시
한 해의 희망을 싣는다

5월에는 사랑만 하고 싶습니다

민들레 홀씨 되어 이리저리 날아다녀도
뿌리 내릴 땅이 없던 긴 세월

초록 이파리 손짓하고
웃음꽃 피는 꽃들
싱그럽고 화사한 5월
눈이 부시게 푸르른 5월에는

사랑해야 합니다
서로의 사랑으로 양식을 삼고
사랑의 침실에서
찬란한 5월의 봄빛을 느껴야 합니다.

따뜻한 당신의 얼굴이 생각나는
5월에는
오직 사랑만 하고 싶습니다.

제 **03**부

인생은 꽃이다

여름비 구경

부슬부슬 추적추적 내리던 비가
주룩주룩 억수같이 쏟아진다
모처럼 반가운 여름비가
퍼붓기 시작하면 무작정 비 구경하며
일상의 잡념을 날려 버린다.

그대! 새벽이슬 맞고 금방 달려온 듯
세월이 흘러가도 때 묻지 않은
맑은 영혼의 소유자
여름비 구경하며 그대 생각을 하면
어느 새 내 안에도 꽃비가 스며들고
턱 턱 숨 막히던 영혼도 맑아진다.

오늘은 창밖으로 내리는
여름비 보면서 멀리 있는 그대 생각에
하염없이 잠겨 보는 날
그대!
오늘도 행복하오
평안한 시간 보내오.

인생은 꽃이다

어린 시절 라일락 향기 그윽한 봄날
백합이랑 기린초랑 주고받으며
바이올렛처럼 변치 않는 사랑을 얘기한다

목련꽃 그늘 아래 아네모네꽃 안고
슬픈 사연의 편지를 쓰면서
이룰 수 없는 사랑에 안타까워한다

붉은 장미꽃다발 바치며
맨드라미같이 타오르는 사랑으로
카라처럼 천년의 사랑을 다짐한다

보리수나무 아래
활짝 핀 로즈마리 향기에 취해
사랑의 절정과 행복을 누린다

앙상한 겨울 산길, 지친 영혼은
소나무에 핀 눈꽃을 바라보며
영롱하게 빛나는 에델바이스의 순정에
위로를 받는다

나이 들면
목화꽃처럼 갯버들처럼 달맞이꽃같이
포근하고 말없는
어머니 사랑을 추억한다

인생은 꽃이다

권력은 끝없는 욕망이다

권력은 욕망이다
욕망은 밑 빠진 독이다
끝없이 채울 것을 독촉하는
빚쟁이 같다

욕망은 인생을, 세상을
고통으로 몰고 간다
카라바조(Caravaggio)*는 상반되는 두 사람의 운명을
하나의 화폭에 그렸다
권력이 보여주는 슬픈 속성을

승리한 소년 다윗의 오른손에는 시퍼런 칼
왼손에는 피 흘리는 늙은 골리앗의 머리
소년과 늙은이의 얼굴은 다르지만
각기 다른 두 사람이 아니다
카라바조 자신의 젊은 얼굴과
만년의 음울한 얼굴이다

그는 무엇을 말하고 싶은가
권력의 노예가 되면
결국 파멸의 길을 걷는다고

지혜롭고 총명한 솔로몬(Solomon)*도
왕국의 전성기를 구축했으나
권력의 욕망에 사로잡혀
방탕과 과중한 세금, 폭압정치로
왕국분열의 길을 가고 말았으니…

---

* 카라바조(Michelangelo da Caravaggio) : 이탈리아 초기 바로크의 대표적 화가로 빛과 그림자를 대비하여 근대 사실화의 길을 개척함.
* 솔로몬(Solomon) : 이스라엘을 통일한 다윗의 아들로 3대왕이 되어 「지혜의 왕」으로 알려지고 왕국의 전성기를 이룩했으나, 방탕과 사치, 과중한 세금, 폭압정치로 죽은 후 왕국이 남북으로 분열됨.

그리움의 그림자

따분한 삶에
외로움이 엄습해 오면
어느덧 그리움이
슬며시 찾아온다

손에 잡힐 듯 말 듯한
그림자만 떠올려도
기쁨은 씨앗이 되어
싹을 틔운다

그리움 속에 짙어가는 그림자는
더욱 부풀어
빛나는 환희의 잎과 꽃을
피운다

퍼덕이던 회상의 나래는
갑자기 멈춰버려
멍한 가슴이 된다

허전한 마음은 다시
그리움의 그림자를 붙들고 있다

무더위 이기기

십수 년 만의 무더위라고 예보하는
아침 산책길 나서며
어떻게 이 더위를 이기느냐고
아파트 경비원에게 인사를 하면
밝은 미소 지으며
"그냥 그냥 견뎌야지요"

부지런히 거리 청소하는 환경미화원에게
폭염에 고생이 많다고 말을 건네도
"일해야 먹고 사니 더운 줄 모릅니다"며
움직이는 손놀림이 분주하다.

사무실에서 승용차에서
밤낮없이 에어컨 신세지면서도
열대야(熱帶夜)라고 밤에도 잠을 설치는
내가 부끄러운 아침이다.

꿈길에서 만난 그대

간밤 열대야(熱帶夜)에
뒤척, 뒤척이다가 겨우 잠든 밤
오랜만에 짧은 꿈속에서
그리운 님! 그대를 만났습니다

언제나 달콤한 사랑을 먹으며
그 사랑 하나면
언제, 어느 곳이라도 달려올 수 있다던
그대!

허공을 날던
그리움과 기다림의 시간들을 견디고
만날 때면 설렘과 기쁨에
흔들리지도 넘어지지도 않았는데

그리움과 보고픔이 뭉게구름 피는 날에는
꿈길에서라도 그대를 만나고 싶었는데
어제 꿈속에서 웬일인지
쓸쓸히 뒷모습만 보여주던 그대

떠나야하는 여름이 폭우(暴雨)와 폭염(暴炎)으로
갈 길을 잃었는지 방황을 하는 날에는
내가 그대의 우산(雨傘)이 되고
그대의 양산(陽傘)이 되고 싶습니다

언제나 자유로운 영혼으로
구름과 바람과 빗소리를 사랑하는 그대여!
오늘 밤은 해맑게 웃는 모습으로
꿈길에서 만나요

여름 새벽 산길

땀 흘리고 헐떡이며 오르는 삼림욕장
안개 속 소나무 사이로 비쳐오는 아침 햇살
잘 썩은 낙엽들의 땅 내음
끈끈한 숲 냄새
어쩌다 불어오는 바람 냄새를 맡으면
어제의 묵직했던 발걸음도
금세 날아갈 듯 가벼워진다
보랏빛 흰 빛깔의 산수국과
때늦은 고사리도 반겨주는
혼자라서 더욱 좋은
여름 새벽 산길

수복방(守僕房) 처마

열대야에 선잠 깬 새벽
선릉 정릉 경내를 산책하던 중
갑자기 내리는 이슬비 보슬비를
기분 좋게 맞으며 숲길을 걷는데

어느 순간 소나기로 변해
온몸이 젖어간다
마침 보이는 2평 남짓한 수복방(守僕房)*의
좁은 처마 아래서 비를 피한다

건너편의 문무관이 시립해 있는 성종대왕릉
그 아래 기신제(忌晨祭)를 지내던 커다란 사당
그쪽으로 뛰어가 편안히 비구경이나 할까
잠시 망설이는 내 마음 눈치챈 걸까?

힘들게 능역을 하던 능지기의 땀과 눈물이 배인
수복방 처마가 비에 젖은 내 발길을 잡는다

* 수복방(守僕房) : 능지기들이 능역을 관리하기 위하여 정자각 동쪽에 지은 집.

청도 이서 가는 길

부슬부슬 여름을 익히며 비가 내리는 날
청도 이서*로 가는 길가에는
무논의 어린 모가 가는 빗줄기에도 간당간당한데
작은 보(洑)*에는
천둥오리 한 마리 유유히 노닐고 있다

남의 집, 작은 울타리 밖에 서 있는
연분홍 접시꽃 두어 그루
그도 빗물을 머금으며 여름을 재촉하는데
마실 나간 주인은 돌아오지 않아
빈 집에는 적요만 쌓이는구나

청도 이서의 고즈넉한 마을
나지막한 감나무의 꽃은 언제 피었다졌는지
노오란 꽃은 보이지 않고
어머니 젖꼭지만한 푸른 감이 조롱조롱 매달려 있는데
빗물에 젖을세라 이파리만 무성하다

무작정 떠나는 나그네의 길
청도 이서 가는 길은
고향으로 가는 길이고
푸른 초원의 여름으로 가는 길이다

* 청도 이서 : 경상북도 청도군 이서면.
* 보(洑) : 논에 물을 대기 위해 둑을 막아 흐르는 빗물을 막고 물을 담아 두는 곳.

눈병

'유리체 출혈'이라는 이름으로
오른쪽 눈의 실핏줄이 터지자
한쪽 눈이 시계 제로가 된 나에게
의사의 처방은 약도 주사도 없이
책을 멀리하고 컴퓨터도 거리를 두고
눈을 쉬면서 한두 달 지내야 차츰 나아진다니
매일 읽던 책을 볼 수 없음은 고문이지만
말장난만 난무하는 이 어지러운 세상을
의사의 말을 핑계 삼아 보지 않아 다행이다

북한은 핵을 발사한다고 으름장을 놓고
국회에서는 단식과
가슴 찌르는 말들로 싸움투성이인데다
고향에서는 땅이 흔들린다고 두려움을 호소하며
온 세상이 시끄럽게 들썩거린다

이제 내 눈은
싸움판 뉴스에는 스스로 감아 버린다
혼탁한 세상 것들 보기 싫어 나는 눈에 병이 나지만
힘들게 살아가는 서민들의 마음에는
얼마나 깊은 병이 들까
그래 이 어지러운 세상 살아가려면
차라리 눈병이 낫겠다
가슴을 병들게 하는 것보다는

친구의 죽음

"이 문자를 받아 보았을 때면
저는 위암 간암으로
이 세상을 하직한 뒤가 될 것입니다.
수십 년 같이 보낸 세월
행복했습니다.
감사했습니다."

오랜 세월 함께 한 중·고·대학 동창
그 아들로부터 받은 친구의 유언(遺言)문자는
슬픔이나 아픔을 넘어서
엄청난 충격이었다

3개월 전 말기 암 진단을 받아
치료를 거부하고
병문안도 거절하고
장례식도 알리지 말라고 한 채
여유롭게 종말을 맞이했단다
항상 미소를 잃지 않던 일상(日常)처럼

어차피 산다는 것은 한 줄기 바람이지만
친구의 삶은
무한대로 뻗어가는 한 줄기 빛이었다
불현듯 떠나버린 친구여!
부디 하늘나라에서
평안(平安)을 누리소서

나 혼자만의 사랑

빙그레 웃는 그 모습이
잠시라도 보고 싶어
주변을 서성이다
그냥 돌아섭니다

저만치 미소 지으며
손짓하는데
아득하게만 느껴지는 그대에게
다가가지 못하는 아픔이여

곱게 간직한 그리움은
갈수록 더해지는 그대 향기로
더욱 깊이 고이고
형용할 수 없는 목마름은
타는 노을이 되고
눈물이 되어
가슴속에 흘러내립니다.

잠시 머물다 떠나는 길에
헤어지지 않고 영원으로
사는 길이 있다면
억겁이 흘러서도
다시 이어지길 바랄 텐데

내 간절한 바램은
허망한 꿈이 되고
헛된 기도가 되고
슬픔이 됩니다.

그대를 생각하는 것이
혼자만의 환상이 될지라도
이 순간이 너무 행복한
나만의 사랑입니다.

살아있는 것들의 한계

1월 이른 아침, 파란 하늘 검푸른 바다
호주 골드 코스트(Gold coast)*
남태평양 여름 해변
떠오르는 태양에 빨려들듯 눈이 부시고
오랜만에 땀 흐르는 빠른 걸음으로 걷는다

해변으로 내려가
황금빛 깨끗한 모래를 밟다가
조금은 지쳐 바닷가 벤치에서
감미로운 바람을 느끼며
파도 소리를 듣는다

공원 산책길과 해변을 뛰고 걷는
젊은 남녀, 나이든 사람들은
건강장수를 꿈꾸듯 밝은 얼굴
미풍에 살랑이는 나무들
밟혀도 밟혀도 푸른 잔디
갖가지 새들의 울음소리
모든 게 평화롭고 아름답다

그러나 망망대해에서 해변으로
밀려오는 파도소리는
어찌 그리 크게 들리는지
사람, 새, 나무, 모든 동식물의 움직임마저
모두 삼켜 버린다

살아있는 모든 것은 날마다 종점을 향하지만
하늘 바다 땅 태양 달 별과 바람
대자연은 끝없는 창조를 되풀이한다

* 골드 코스트((Gold coast)) : 호주 동쪽 퀸즐랜드주 남동해안 쪽으로 30km에 걸쳐 있고, 브리즈번시의 남쪽 교외에 위치하는 해변관광휴양도시.

살아있는 자의 땅

땅은 어머니
사방에 온갖 생명을 만들어 놓고
정성으로 양육한다
그 정성이 사랑이 되고
변덕일 때는 형벌이 된다
사랑일 때는 포근하지만
형벌일 땐 가혹하다

땅에서 태어나
사랑과 형벌로 자란 생명들은
언제나 지속되지 않는 사랑에 목마르고
채워지지 않는 욕망에 애마르다

행복하면 불안에 떨고
출세하면 오만해지고
부자가 되어도 욕심이 들끓고
고통에 가득 찬 유한한 인생길
늘 따라다니는 땅의 소리
"욕심을 버리라! 마음을 비우라"

그러나 땅은 우리가 이 세상 떠날 때
아무것도 주지 않는다
자기의 몸뚱이조차 가져가지 못한다
신비의 땅!
살아있는 자들의 땅!

비에 젖는 저녁의 차 한 잔

새벽부터 추적추적 내리는 비는
꽃잎 떨군지 오래된 벚나무가
능청능청 비에 젖고 있는 저녁에도
어둠이 날개를 펴는 시간에도 그칠 줄 모른다

오래된 친구들과 차 한 잔을 앞에 두고
인생을 세상을 이야기하는 시간
멀리 있는 그대도 저 빗물처럼 하염없이
커피 한잔에 분주한 시간을 쪼개고 있으리라

서두르는 것은 저녁시간만이 아니다
우리들의 시간도 바쁘게 흐르고
앞에 놓인 찻잔도
어느새 식어가고 있다

축축한 저녁 시간에
따스한 차 한 잔을
두 손으로 감싸고 마시면
서로의 가슴을 타고
흐르리

제 04부

가을밤을 지새운다

원초적 고독에 떨며

가을은 이미
하늘에도
숲에도
거리에도
오솔길에도
꽉 차 있다

그대는
시들어 버린 꽃들의 초췌한 모습을
보지 못하는가
그대는
나뒹구는 낙엽의 신음소리를
듣지 못하는가

가을은 이미
내 가슴 깊이 들어와
나는
원초적 고독에 떨며
본능적 방황에
휘둘리고 있다

가을밤을 지새운다

피는 꽃, 지는 꽃 다투어 피고 지고
잎이 물들고 잎이 떨어진다
풀벌레 우는 소리 가을이 오는 소리
사랑이 오는 소리 사랑이 가는 소리

말없이 떠난 사람, 보고 싶은 얼굴들
쓸쓸한 거리에서 마주치면 좋겠다
동이 터야 새벽길 나설 텐데
이 생각 저 생각에
긴 가을밤을 지새운다

가을인가

상쾌한 바람결, 햇살은 따스하고
하늘은 유난히 맑고 푸르다
산과 숲과 나무가 온통
화장을 하고 있다
아! 가을인가

영근 알밤 대추와 홍시는 지천인데
자꾸만 쓸쓸해지고 허전한 가슴
아, 이 가을에는
누군가를 사랑하고 싶다

일상의 굴레를 벗어나
어디론가 떠나가고 싶다
황홀한 신비의 낯선 세계로!
이 가을에는

가을의 문턱에서 그대에게 띄우는 편지

유리알같이 맑고 투명한 하늘을 바라보며
그대 생각을 합니다
날마다 신의 선물 햇살처럼 옷깃에 닿을 듯 말 듯
살며시 다가와 내게 찾아듭니다
가슴 깊숙이 머무는 숨결같은 사람 그대여!

언제부터인지 마음 한쪽을 도려내어
내 안에 깊이 들여놓고
날마다 심장처럼 끌어안고 사는 사람 그대여!

세월이 흐를수록 노을지는 저녁처럼
진한 여운으로 다가오는 포도주 같은 그대
마실수록 취하는 깊은 그리움 같은 그대여!

오늘도 나는 그대를 내 운명으로 받아들이고
있습니다
사랑하는 그대를 한 번 더 깊숙이
내 가슴 안에 새겨둡니다

10월의 화려한 날에

고운 하늘빛 향연과
상쾌한 가을바람에
가슴이 흔들린다

낙엽 떨어져 구르는 소리에
아늑한 파장(波長)이 일고
호수처럼 괴어있던 그리움이
눈물되어 흐른다

무심하게 지나온 메마른 시간들이
아쉽기만 한데
어김없이 다가온 풍성한 가을

10월의 화려한 날을
찬미(讚美)한다

님에게 가는 길

새벽을 가르며
먼 길 떠나는 사람이 기다리는
역 대합실의 아침은 빨리도 오고
타고 갈 기차도 어느새 도착한다

그렇게 새벽바람 쐬며
님에게 가는 길은
펑펑 눈발이 날리는 날도
사정없이 창을 두드리며 흐르는
소낙비 쏟아지는 날도 있었고
햇살이 창문에 기대어
눈이 부신 날도,
바람이 세차게 부는 날엔
옷깃을 세우기도 했다

님에게 가는 길
신문을 보다가, 책을 읽다가
지친 육신으로 잠을 청하다가
가슴 두근거리며 설렘에 젖다가
가끔은 마지막 여행길이 될까

어둡고 두려워 떨리기도 했던
님에게 가는 길
이랬다저랬다 몇 번의 변덕을 하고나면
내 마음도 기차도 종착역에 와 버린다

님에게 가는 길은
수없이 산을 넘고 출렁이는 물을 건너
가야만 하는 천리 먼길
나의 고향

가을바람

가을에는
나뭇잎이 익어 물들어가고
가을바람에 살아있는 모든 생명들이 흔들리는데
내 안에 숨겨둔 사랑 하나로
의지 삼아 버티며
쓸쓸하게 부는 가을바람을
달래본다

불그레하게 변해가는 가로수
바람에 흔들려 아름다운 갈대
하늘을 향해 하늘거리는 코스모스를 보면서
언제나 내 사랑을 지켜달라고
기도한다

하늘도 산도 바람도 구름도
내 마음까지도 흔들리는 이 가을에
저녁비가 내리면 낙엽들은
서로에게 우산이 되어주는데
우리 서로 기대어 위로가 될 수 있다면
우리의 메마른 가슴도 낙엽처럼
촉촉한 행복으로 물들어 가리라

잔잔한 즐거움이

어둠이 가시기도 전에
집을 나서
이슬비 맞으며
새벽을 걷는다

서늘해진 바람
사라져버린 풀꽃
물들어가는 나무
쌩쌩 달리는 자동차
경쾌한 차림으로 걷거나 뛰는 젊은이들
굽은 허리에 어정어정 거니는 사람들
걸으며 바라보며

공연도 경기도 못보고
회식(會食)도 여행도 할 수 없고
살림살이도 고달프지만
걸을 수 있고 볼 수 있고 느낄 수 있어
잔잔한 즐거움이
지친 가슴에 차오른다
행복하다
살아 있는 모든 순간들이

늦가을 비

늦가을 추적추적
비가 내린다
빈 가슴
화려한 나무 위로

비바람 맞고
거리에 나뒹구는 단풍
노랗게 빨갛게 익은

흔들리는 영혼
비에 젖는 낙엽
신음소리에 눈물 난다

가을의 길목

요란하던 매미 울음 가시고
귀뚜라미 소리 처량한
동트기 전 초가을 새벽

즐비하게 늘어선
괴물 같은 건물들
신작로(新作路)에는 쌩쌩
내달리는 자동차들

아직도 어둠이 짙은 세상에는
느리게 걷고 있는
나와
바람과
풀벌레 소리와
빛바래져 가는 잎새들뿐

성숙해가는 건가
노쇠해가는 건가
그래도
새날은 서서히 열리고 있네

11월의 회상과 기도

노랑 빨강 갈아입은 은행나무 단풍나무
황갈색 적갈색 화살나무 플라타너스 느티나무는
흘러간 빛나는 추억을 회상한다

싸늘한 바람 부는 늦가을 거리
낙엽이 쏴아아
서걱서걱 거리며 흩날리고
헛헛한 영혼은 고독에 떨며 방황한다

비에 젖어 초췌해진 낙엽들의 신음소리 들으면
지난날의 힘들었던 사연
주마등처럼 되살아난다

낙엽처럼 종점을 향해 가는 우리
과욕과 독선을 자제하게 하소서
넓은 가슴으로 서로 사랑하게 하소서
가장 아름다운 열매를 가꾸게 하소서

고향을 떠나면서

고향을 뒤로하고 떠나는 동대구역
시간도 빠르게 흘러간다
카키색 코트, 부츠도
푸른색 군복과 두터운 점퍼도
많은 이들이 지나갔지만
눈에 익은 사람 없이 모두 낯선 사람뿐
나 홀로 떠나는 기차에 몸을 싣는다

가을로 꽉 찬 산하를 달리면서 나는
매월 만나던 친구들
행, 일, 원, 걸, 친구의 이름을
하나둘 지워간다
이제는 일 년에 한두 번 몇 년에 한 번 만날 테지
영원히 만나지 못하는 사람도 늘어나고,
어머니가 영영 가신 지 6개월
친구들도 시들한 고향을 떠나는 날
역 대합실 바람은 차기만 하고
도착해야 할 기차도 내 마음 안다는 듯
십 분이나 연착한다

잊으며 간다
어차피 나도 그대에게 잊혀질 존재
모든 것은 지나가면 사라진다
하늘을 지나가는 바람처럼 구름처럼
고향도 친구도 나도

늦가을의 기도

가을빛 눈부신 단풍은
사랑을 새겨둔 채 떠나고 있다
아무리 가슴속에 품고
아끼고 사랑하고 붙잡아도
이 세상에 살아있는 모든 것들은
드디어는 나조차도 떠나간다

단풍도 이런 내 마음을 아는지
떨어지며 갈잎으로 누워
그 자리에 맴돌고 있다
레드 카펫이 깔린 영화제 시상식보다
더 아름다운 세상의 모든 단풍이
가을이 가는 길 위로 펼쳐진다

봄에 돋아난 잎새로 희망을 얻고
무성한 여름 숲에서 꿈을 키웠지만
가슴 가득 추억만 남겨둔 채 가을은
하염없이 낙엽이 되어 흩날린다
지난여름 내 저장한 열정으로
침묵의 계절에는 영글게 하소서

비 내리는 가을밤에

비 내리는 가을밤은 자꾸 센티해집니다
후득후득 빗소리 따라 창밖을 서성이며
누군가를 애타게 갈망합니다
그것을 그리움이라 말한다면
내 그리움은 그대입니다

어제는 누렇게 익어가는 가을 들판에서
더없이 외롭고 슬퍼졌습니다
쓸쓸함에 익숙해져버린 나는
고요히 흘러가는 강물을
하염없이 내려다보면서도
나의 그대는 무엇을 할까
자꾸만 궁금했습니다

내리는 가을비를 가닥가닥 엮어서
내 사랑이라 한다면
그것은 끝이 없을 것입니다
밤으로 가고 있습니다
그대 이 밤도 좋은 꿈 꾸어요

가을에 쓰는 손 편지

고독과 낭만이 교차하는 계절
가을이 오면 한 글자 한 글자
정성이 듬뿍 담긴 손 편지가 기다려진다

핸드폰 문자로 이메일로
빠르게 소식을 주고받지만
빼곡한 우편함에 드물게 접하는
다정한 손 편지 한 통은
특별한 느낌을 준다

글씨체를 뜯어보고
편지 쓴 종이도 살펴보고
그 사람과의 사연을 떠올리면
문득 미소가 보인다

역병(疫病)으로 갈등과 불안으로
심신(心身)이 피곤한 이 가을에는
다정했던 사람에게
손 편지를 쓰고 싶다
내가 먼저 정성스럽게

제 05부

밤눈과 정아와 나

가슴속의 등불

그대 떠나와 머나먼 이곳은
얼었던 얼음도 녹아내려
풀린 따뜻한 겨울 날씨인데

같은 하늘 아래에서 언제나 떨어져 있어
만날 수도 없지만
내가 그대를 보내지 않았기에
그대는 언제나 나의 님

애써 눈물을 감추며 살고
할 말이 많을 때도 입을 다문 채
숨만 쉬지만
내 가슴속에 꺼지지 않는 등불 하나

사랑은 순간이지만
추억은 오래오래 간직되어
그대 언제라도
내 영혼을 일깨워주는 등불

밤눈과 정아와 나

눈이 내린다
밤눈이 내린다
깊은 산골 토담집에서
정아를 기다린다

속세의 숱한 굴레를 벗어나
함께 밤을 지새우며
하고 싶은 얘기도 많은데
말을 타고 오기로 한
정아는 기척도 없고
흰 눈만 소리 없이 쌓인다

온 천지가
새하얀 눈 세상으로 변하는데
지친 내 영혼은
깊은 고독의 심연에 빠진다

눈이 계속 내리면
정아가 올 수 없을 텐데
깊어 가는 밤

흩날리는 밤눈을 보면서
나는 어쩔 수 없이
나 혼자만의 기약을 지워야 한다

첫눈에 기대어

오색향연의 끝자락에
송이송이 펄펄 흰 옷 입은 천사들
소록소록 쌓인다

고단하고 허허로운 삶에
거리와 나무
산과 들은
창백하고 황량하다

첫눈이 오는 날이면
따뜻한 찻집에서
러브 미 텐더*와 비엔나 커피향 속에
기다리며 바라보며
행복에 젖곤 했던
그날들을 회상한다

오늘, 약속한 사람도 없지만
첫눈에 기대어
이제는 희미해져가는 추억을
되살리고 싶다

* 러브 미 텐더(Love me tender) : 미국 가수 겸 배우 엘비스 프레슬리의
  대표곡.

눈(雪)과 행복

눈다운 눈이 오지 않아
겨울 맛이 나지 않더니
2월 중순에야 서울에
온종일 눈이 내린다

아름다운 보스턴 찰스강 위로
밤하늘에서 수많은 눈송이들이
흩날리며 나비춤을 추고
롱펠로다리(Longfellow Bridge)에 쌓이는
하얀 눈을 보며
눈 세상을 걸었다 콧노래 부르면서

눈비가 내린다
기다림에 목이 마르던 터에
싸락눈으로 바뀌었다
추억이 꿈틀거린다
드디어 함박눈은 펑펑 내리는데
온몸에 그날이 되살아나고
나는 행복에 젖는다

눈이 내리는데

간밤
제법 눈이 쌓이고
이른 아침
또 눈이 내리고 있다

첫눈이라 들뜬 마음으로
집을 나서 조심조심 걷다가
불 켜진 찻집에 들러
창밖으로 눈발 구경을 한다

뛰어가다 엉덩방아 찧는 사람
우산 쓰고 가는 사람
바닥만 보며 엉거주춤 걷는 사람
엉금엉금 기어가는 차를 타고 가는 사람

그대 있는 곳에도 눈이 내릴까
함박눈 사이로
사람마다 다르게 살아가는 모습을 보면서도
나는 온통 그대 생각뿐이다

함박눈

웃어대며 잔혹하게 몰아치는 세상
날씨마저 매서워
마음도 얼고
몸도 얼었는데

긴 목마름에 지친 시골집 나무들은
모처럼 새 옷으로 갈아입고
함박눈 내리는 풍경을 뽐내기도 한다

이 나라에는 언제
사랑의 눈이 내릴까
포근한 함박눈처럼

핍박 받는 사람들이
함박웃음 지을 수 있는 날이
왔으면 좋겠다
하루 빨리

와이키키 해변의 겨울 휴가

강추위를 핑계 삼아
태평양 가운데
하와이로 날아왔다

39층 숙소 테라스에서
열흘째 가벼운 차림으로
편한 의자에 두 다리 뻗고
벽에 머리 기댄 채
하염없이 시간을 흘린다

코발트빛 하늘 아래 적당히 떠있는 구름
밤새 달빛에 젖은 녹청색 바다
훈풍과 별빛에 물든 수평선

젊은이들은
야자수 그늘에서 파라솔 아래서
백사장에서 바다에서
걷고 뛰고 웃고 떠들고
보트놀이 파도타기도 한창인데

나이 든 나그네는
바다에는 발도 담그지 않고
그림 같은 정취에 취해
게으른 눈으로 책장을 넘기다가
꾸벅꾸벅 졸다가
식사 시간마저 멋대로

분주하고 힘든 일상(日常)을 벗어나
고즈넉한 평화가 있는
와이키키 해변의 겨울 휴가

코로나 바이러스 우울증
— 가을 가고 겨울 오고

산책길은 언제나 즐거웠다
크고 작은 나무들도 함께 따뜻했다
계절이 바뀌어도
산책길은 늘 다정했다

난데없는 코로나 바이러스가 창궐하고
마스크에 거리두기가 장기화되니
숲은 바람소리조차 감추고
나무들도 숨소리 없이 엄숙하다

생각도 잃은 채 걷다보니
갑자기 형형색색의 나무들이
반짝이면서 시끌벅적했다
다시 듣는 그들의 움직임과 소리가
반가웠다 가을이 깊었다
고흐의 '별이 빛나는 밤'을 보는 것처럼
어지럽고 허전하다
화려한 컬러가 나를 거부하고
나를 비웃는다
깊은 외로움에 어디론가 숨고 싶다

이젠 겨울로 가야할까 보다
차가움 속에서도 모든 것을 벗어버린
나무들처럼
위선도 거짓도 모두 던져버리고
하늘이 입혀주는 부드럽고 하얀
솜옷을 입고
겨울 속에 잠기고 싶다

집으로 가는 길

집으로 가는 길은 익숙하다
지하철로 가는 계단을 내려가
스크린도어에 새겨진 따뜻한 시
두어 편 읽으면서 기다리면
김밥 옆구리 터지듯 밀려나오는 사람들
좁은 공간을 비집고 들어가
겨우 손잡이 하나 잡고 버틴다
머지않아 내려야할 목적지 안내방송이 나오면
서둘러 도망치듯 빠져나와
갈아탈 다음차를 기다린다
우리 삶도 그러하리라
먼 길 갈 때는 중간에 내려서 심호흡 한 번 하고
환승해서 다른 차로 갈아타야 하는 것

지하철 안의 풍경이 우리의 모습이다
눈을 지그시 감고 모든 것 외면하며 가는 사람
신문을 읽으면서 세상을 뚫으면서 가는 사람
멍하니 창밖을 내다보며 무심하게 가는 사람
까치발로 서서 손잡이를 꼭 붙들고 가는 사람

지상으로 올라오면 집은 그리 멀지않다
낯익은 도로
눈에 익은 건물들이 다가오면
따뜻한 집 내 오래된 안식처가 있으니
집으로 가는 길은 인생의 길이다

늙은이의 섣달 그믐날

섣달 그믐날 오후
조선 왕릉이 있는 공원으로 산책을 갔다
햇살 따스한 벤치에 앉아
다정했던 친구들에게 전화를 건다

일도 운동도 노래와 술도
멋지게 잘하던 친구는
중풍으로 쓰러졌다가 며칠 전 퇴원했다면서
말을 더듬고

군 장교를 지낸 체격 좋던 친구는
치매가 심해진 아내 돌보느라
진땀을 뺀단다

몇 해 전 장기입원 했던 친구는
매주 항암치료 받느라 힘드는데
아내가 극진히 간호해 주고 있다고

모두들 종점을 향해 가고 있다
저기 성종대왕님 육신도 한줌 흙이 되어
대자연으로 돌아갔는데
그 영혼은 어디쯤 계실까
여쭈어 보아도
끝내 대답이 없다

힘들었던 한 해를 잘 견뎌내어
또 한 번 설날을 맞는다
모두들 밝은 목소리로 건강 또 건강을 얘기한다
늙은이에게도
새해 새날에는 새로운 태양이 뜬다

추억의 도시로 가는 길

봄이 오고 꽃이 피고 바람이 불고
그 도시는 언제나 화사하고 향기 가득한 곳
길거리엔 번쩍거리는 상점
클래식과 팝송이 맛깔스러운 음악다방
사람들 냄새 가득한 즐거운 극장이 있는
번영의 도시 사랑의 도시 청춘의 도시
나는 그곳에 늘 '행복'이라는 기차를 타고 갔다

세월 훌훌 미련 없이 가버리니
내 사랑도 청춘도 사라지고
번화했던 상가는 너덜너덜 빛바래고
달콤하던 음악다방은 가슴 시린 베이커리로
즐겨가던 극장은 초라한 호텔
추억이 물든 거기
회색도시, 우울한 도시에
이제는 '허무'라는 기차를 타고 간다
무거운 가슴으로
행여 그 사람 만날까 가고 있다

불어라 봄바람!

칼바람 강추위에
코로나 전염병에 변이 바이러스
백신의 효과마저 의문이고
마스크 체온측정 거리두기 큐알코드로
축 처진 어깨 침울한 얼굴

개혁이니 민주니 국민이라는 허울 아래
불공정과 비상식, 독선과 폭정이 판을 치는
어두운 터널 속 겨울 세상
나의 입술은 침묵으로 닫히고
서성거리기만 하는 나의 육신

그러나 이제 곧
봄바람이 불 때다
꽁꽁 언 들판의 얼음장이 녹고
거리 화단에 새싹이 돋을 준비를 하는

자유와 민주를 지키는 전사들 가슴에
힘겹게 지탱하는 하루살이 백성들에게
용기 없이 주저앉은 나이 든 나에게도
봄바람이여 불어라!
불어라 봄바람!

목감기

한동안 바삐 다니고 말도 많았더니
갑자기 나른하다
눕고만 싶어진다
뚝, 하던 일을 멈추고
사람들과의 약속도 훗날로 미루고
외롭고 싶다
몸을 움츠리고
방문을 걸어 잠그고
차가운 바람도 밖이 두려워진다
이제 말문을 닫아야지
그냥 말없이 근신하라는 내 몸의 명령이다
목감기
아, 이렇게 몸이 말을 하다니…

제 06부

내 삶에 종말이 올 때

박목월 생가에 다녀와서

주인 가고 없는 목월의 생가에는
'구름에 달 가듯이 가는 나그네'*가
언제 퍼 올리다만 우물가 두레박만
기다랗게 끈을 매단 채 걸려있네

목월은 가고 낯선 나그네만
그림자 밟으며 찾아오니
'송홧가루 날리는 윤사월(閏四月)'*도 아닌데
'눈 먼 처녀'*는 어디로 갔는지
장독대에 접시꽃만 노랗게 기다림에 지쳐있네

고요가 깃든 목월의 생가에
멀리서 온 나그네
방명록에 이름 하나 남기지 않고
흔적없이 가버리네
바람처럼

* 박목월 시 「나그네」와 「윤사월」 중에서.

프로메테우스는 어디에?

공포의 핵·미사일 앞에 오로지 짝사랑
무너지는 경제는 코로나 바이러스 핑계
민주와 개혁의 허울 아래 폭정과 법치파괴
공정과 정의 대신에 편 가르기와 내로남불

머리가 무겁고 아프다
큰 바위가 가슴을 짓누르고 있다
마음을 달래려 산책길 나선다
여러 사람들이 걱정을 토로한다
이렇게는 살 수 없다고
눈을 부릅뜨고 주먹도 쥔다
함께 꿈틀거려 보자고 악수를 청한다

심혈을 바쳐, 보통사람의 시대를 열고
북방으로 세계로 수없는 비밀출장
나라 위기의 소방수이자 해결사 역할을 했지만
정치보복으로 억울한 감옥살이
드디어 평화로운 고향, 문학으로의 귀환
이제는 열정도 용기도 식어 탄식할 뿐

나라가 망가져가고
국민들은 비탄에 잠겼는데
우리에게
새로운 희망, 생명의 불을 줄
프로메테우스*는 어디에 있는가?

* 프로메테우스(Prometheus) : '먼저 생각하는 사람'이라는 뜻. 그리스 신화
 에서 주신(主神) 제우스가 감추어 둔 불을 인간에게 내어주어 인간에게
 처음으로 문명을 알게 했으나 제우스의 미움을 받아 거대한 바위에 쇠
 사슬로 묶여 엄청난 고통을 겪다가, 헤라클레스에 의해 해방됨.

내 삶에 종말이 올 때

내 삶에 종말이 올 때
나는 건강한 육신을 위해 마지막까지
최선을 다했음에 만족하고 싶다

내 삶에 종말이 올 때
긴 세월 나라와 사회를 위해
열정을 다해 일했다는 흐뭇함을 느끼고 싶다

내 삶에 종말이 올 때
가족과 모든 사람들을
따스하게 사랑하려 애썼던 나날에 대해
행복해 하고 싶다

살아온 날들보다 남아 있는 날들이
길지 않은 지금

쏜살같이 달아나는 세월이기에
하루하루 한 시간 한 시간을
소중히 여기고

병마(病魔)와 가난, 불안과 갈등의 현실을
조금이라도 더 나은 세상으로 만들기 위해
더 많은 봉사를 해야 한다
더 많이 웃고
더 많이 사랑해야 한다

그리하여
내 삶의 종말을
아름답게 마무리하고 싶다

부다페스트 회상

푸른 다뉴브강
강산이 두 번이나 변하고도 남는 시간
오랜 세월 지나고 다시 찾은 옛길
28년 전 조국을, 인류평화를 위해 왔던 이곳

공산권 외교수립의 막중한 사명을 띠고
비밀특사로 북한요원 득실거리는 낯선 이국땅에서
가슴 졸이는 수십 차례의 비밀회담 끝에
드디어 북방외교의 문을 연 그때 그 현장

이제는 평안하고 느슨하게
강변의 성 스테판 성당, 영웅광장, 국회의사당
겔러트 언덕의 아름다운 풍경을
즐길 수 있으니 좋구나

내가 주인공이었지만 그때 그 자리에
지금 관객으로 다시 서니
악수를 나누던 옛사람 어디가고
나만 홀로 거니는 헝가리의 부다페스트

나, 그날 어둠을 뚫고 일어나
이 길을 다시 밟도록 단단한 끈 하나를 묶었다
오늘, 그 끈을 잡고, 다시 깜깜한 새벽은 여전히 그대로인
부다페스트의 거리를 걷는다
아다지오의 걸음으로

〈시작노트〉
- 북방정책의 실무책임자였던 나는 비밀특사(당시 대통령정책보좌관)로 헝가리에 들어가 갖은 고난 끝에 1988.7.11 당시 헝가리수상 겸 공산당 서기장 그로스와 회담하여 역사상 처음으로 공산권국가와의 외교관계 수립(1989. 2. 1)이라는 역사적 쾌거를 이루었다.

일제 강점기 미술과 문학이 만났을 때

'미술과 문학이 만났을 때'* 전시가 열리는
덕수궁 국립현대미술관에서
창밖을 하염없이 내다본다

낯선 듯 익숙한 듯 다가오는 조선왕궁의 전각들
35년 암울한 고달픔에 젖어있는
중화전(中和殿) 품계석(品階石) 석조전(石造殿) 정관헌(靜觀軒)
갑자기 드라마에서 본 듯한
당파싸움하는 대신들 우왕좌왕하는 임금님
으스대는 일본제국 사람들이 떠돌아다닌다

나는 지금 꿈을 꾸고 있는가?
대한제국에, 식민지 시대에 서 있는가?
내 맘은 점점 무거워지고 스산해진다
돌아서서 쫓기듯 전시실에 들어선다

백석과 정현웅의 '나와 나타샤와 흰 당나귀'
이중섭의 작품 '시인 구상의 가족'
이상(李箱) 글·그림, 소설 '동해(童骸)'의 삽화
구본웅, 황술조, 김진섭, 김환기의 전위적인 그림들
그림을 시와 같이, 시를 그림과 같이

역설적인 시대를 살아야 했던
일제 치하 예술가와 지식인들의 열정과 한숨소리
족쇄와 가난 속에서 줄기차게 추구한 낭만
절망 속 울음소리가 가슴에 저며 온다
전시실은 차라리 슬픈 감동이다

* 2021년 2월 4일부터 5월 30일까지 덕수궁 국립현대미술관 전시장.

욱수천 공룡 발자국

욱수천* 산책로 한쪽에
1억 년 전 그가 남긴 발자국이라고
공룡 발자국 설명 판이 멋지게 서 있다
귀한 발자국을 보존하기 위해
땅속으로 만든 유리상자가 있다

호수의 가장자리였을 때 서식했다는 공룡들
풍화침식작용에 의해 노출된 것이지만
오래전 그가 남긴 발자국은 살아있는 역사라고
부근 대로변에 안내표지판까지 세워 두었지만
언제부터인가 유리상자 안에는
잡풀만 수북한 채
아무것도 보이지 않는다

아무도 눈길을 주지 않는 1억 년 전의
공룡 발자국을 보면서
내가 심혈을 기울인 『바른 역사를 위한 증언』*과 작품들은
내가 떠난 후 몇 년이나
세상이 기억해 줄까
새삼 허망한 생각이 든다

* 욱수천 : 대구 수성구 고산동에 있는 하천.
* 『바른 역사를 위한 증언』 : 박철언 지음(2005.8.10. 랜덤하우스 중앙 출판 1권 · 2권, 5공 · 6공과 3김시대의 정치 비화).

오호!
부다페스트 다뉴브강의 대참사(大慘事)

동유럽에서 공산권에서 최초로 한국과 외교관계를
맺은 자유의 나라 헝가리
수교 30주년을 기념하는 행사들이 준비되는 가운데
2019년 5월 30일 새벽 부다페스트 다뉴브강에서
유람선 허블레니아호가 침몰되었다
우리 관광객 26명과 헝가리인 2명이 사망한 비극적 참사

외신을 통해 전해진 청천벽력에
가족은 물론 온 국민이 비탄에 젖고
한국의 하늘조차 잿빛 어둠으로 뒤덮였다
연일 세치니 다리로 몰려든 헝가리 주민들은
노랗고 하얀 꽃송이를 바치며
처연한 물새 소리 속에 구성지게 '아리랑'을 부르고

서울에서는 초머 모세 대사의 침통한 기도 속에
이반 피셔가 지휘하는 오케스트라의
'일출봉에 해 뜨거든 날 불러주오, 월출봉에
달 뜨거든 날 불러주오'* 연주는 한 편의 추모시였다

6세 어린이부터 70대 노인까지 승객들의 애절한 사연,
끝까지 조타실을 지키다 죽은 헝가리 선장
깊고 푸른 다뉴브 강에서 이승을 마감한 영혼들이여!

그대들이 마지막 본
성 스테판 성당 영웅광장 국회의사당 겔레르트 언덕의
아름다운 풍경들을 간직한 채
부디 평안히 영면하시기를!
한-헝가리 국민 모두가 두 손 모아 빌고 빕니다

＊김민부 작시, 장일남 작곡의 우리 가곡 「기다리는 마음」 중에서.

발왕산 기(氣) 스카이워크

구름을 껴안는다
구름 위를 걷는다
태백산맥 대관령의 발왕산(發王山)
1458미터 정상 스카이워크(Sky Walk)
산과 산을 넘어 케이블카로 20여 분
온 세상을 발아래 두는 짜릿함

살아서 천년 죽어서 천년을 견디는 주목(朱木)
순백색 꽃피는 함박나무와 산목련
장엄한 동해의 일출(日出)
처연(凄然)한 서해의 일몰(日沒)

초록초록한 봄, 푸르고 푸른 여름
알록달록 화려한 단풍과
눈부시게 새하얀 설경(雪景)
볼수록 아름답다
그대처럼

하늘정원 모나파크(Monapark)에
우뚝 선
발왕산 기(氣) 스카이워크 전망대
하늘을 넘어
태양에 닿는다

새벽 보문호의 산책길

황새가 먼저 단잠을 깨운 새벽
여름의 뒷자락이 남아있는 보문호*
뿌옇게 내려 깔린 안개 속에
이슬 머금고 오므린 백일홍도
선잠에서 깨어 나를 따라 미소 짓는
새벽 보문 호숫가를 걸으면
동행하는 이 많아서 행복하다

산에도 숲에도 호수에도 쌓인
안개 사이로
언뜻언뜻 퍼지는 햇살과
소슬한 바람과 이름 모를 어린 새와
아침을 준비하는 황새와
백일홍이 줄지어 서서 나를 기다리는
새벽 보문호의 산책길

* 경주시 신평동 경주 보문단지 내에 보문 호수가 있음.

감포 앞바다

하얀 파도가 뭉게뭉게 밀려오는 감포 바닷가에서
마음이 따뜻한 사람과 손을 잡고 걸으면
쓸쓸하던 해변도 시퍼런 물결로 출렁이고
해초 내음도 끼룩끼룩 갈매기 소리도 정겹다

회색하늘 검푸른 바다 시원한 바람이 좋기만 하지만
지금 따뜻한 그는 언제까지 내 가슴에 남아 있을지
언제까지 내 가슴이 뛸지 모르겠다는 강박 관념으로
스마트폰에 사진 몇 장을 남겨본다

외로운 사람도 수평선이 그리워 찾아오면
변함없이 반기는 로맨틱한 감포 바다
지워지지 않을 추억 하나, 바닷가에 심는 날
내 가슴에도 각인되었다 그대!

체스키 그롬로프 성(城)*

체코의 유네스코 세계유산 1호를 자랑하는
S자형 볼타바 강변 언덕 위의 작은 도시
붉은 지붕과 둥근 탑이 어우러진 중세마을

구불구불하고 좁은 골목길
가게에 가득한 수공예품, 아기자기한 카페
영주가 살던 궁전과 예배당
꼭대기의 비밀정원과 회전식 공연무대

귀족들의 가면무도회
르네상스 시대의 옷을 입은 거리공연
18세기 귀족들의 로맨틱한 생활이
눈에 선하다

피곤한 나그네도 모르는 사이
동화 속으로 걸어 들어가
동화 마을의 주인공이 된다

* 체코의 수도 프라하에서 남서쪽으로 200여 km 오스트리아와 국경부근
  에 있는 13세기에 세워진 성. 체코에서 두 번째 큰 성으로 중세마을의
  특징이 가장 잘 살아있다.

딴 세상

창문을 모두 닫은 채
긴 시간을 날고 있다
졸고 있는 사람
자는 사람
작은 등(燈)을 켜고 책을 보는 둥 마는 둥
답답하다
지친다

창문을 열어 올린다
하늘 위를 달리고 있다 멋지게
멀리 구름층 끝으로
햇살이 빛나고 있어 장관이다
피곤함을 잊고
긴 여정을 즐기기 시작한다
미래를 이리저리 그려본다

눈을 돌리면 이렇게
딴 세상인 것을 깨닫지 못한 채
그냥 살고 있다
우리들은

독일 쾨니히슈타인 성(城)에 다녀와서

엘베강과 쾨니히슈타인 마을 위에
걸쳐있는 요새에 가면
240미터 암벽 위에 세워진 웅장함보다
가슴이 먼저 시려온다

나폴레옹조차 점령하지 못했다는
3중의 육중한 출입문
7년여 광부들이 피와 땀으로 바위를 뚫어 만든
깊이 120미터의 우물
거대한 와인창고와 견고한 보물창고
요새 내 자급자족이 가능한 모든 시설물

보헤미안과 작센 사람들이
궁정피난처로 축조하여
나중에는 전쟁포로들을 수감했던 감옥이 되었다

성 위에서 내려다보면 아름다운 기암절벽
관광이라는 마음으로 가벼이 둘러보기에는
너무나 가슴시린 천년 요새
지금은 전쟁박물관으로 남아
외화벌이에 일익을 담당하는
그때 그 시절의 상흔들

아, 우리는 언제쯤 남과 북이 하나 되어
'자유의 다리' '비무장지대'를
온 세계의 관광명소로 내어 놓을까
쾨니히슈타인 성*에 다녀와서
야무진 꿈 하나
우리에게 평화통일을!

* 독일에서 아름답기로 소문난 작센 스위스가 내려다보이는 거대한 암벽 위에 궁궐 피난처로 지어진 쾨니히슈타인(Konigstein왕의 돌 바위) 성.

꿈이 이루어지는 길

건강하고 부자 되게 해 주세요
코로나 바이러스 속히 퇴치되게 해 주세요
로또 1등 당첨되게 해 주세요
축복받는 결혼할 수 있게 도와주세요

시험 합격 · 취업 기원
사업 번창 발원
가족 건강 발원
세계평화 남북통일 기원

행복하고 오래오래 살게 해 주세요
사랑해요 엄마 고마워요 아빠
할아버지 할머니 오래 사세요
우리 우정 영원히

정성을 담아 쓴
수많은 작은 노란 리본들이
바닷바람에 팔락인다
낙산사(洛山寺)* 원통보전(圓通寶殿)에서
해수관음상(海水觀音像)으로 가는 길
꿈이 이루어진다는 길에는

부처님이시여!
부디 이루어지게 해 주소서
소중한 꿈들이

* 낙산사(洛山寺) : 통일신라시대인 671년 강원도 양양군 강현면 오봉산에 의상대사가 세운 동해를 바라보는 천년고찰.

남태평양이여 안녕!

남태평양 해변의 아침 산책
오늘로 열흘째
겨울 휴가 마지막 날

눈부신 태양 아래
푸른 바다 솔솔바람
찌악찌악 꺅꺅 휫휫
까악까악 삐리삐리
저마다 소리 높여 존재를 알리는
새소리들이 정적을 깨지만
평화로운 해변공원의 아침

남한의 80배 크기 땅에 인구는 절반인
2,300만이 사는 거대한 나라
국민소득 6만 5천불의 부자 나라지만
다소 촌스럽게까지 느껴지는 오스트레일리아
많이 먹고 열심히 일하고 잘 놀고
큰 체격에 뚱뚱한 사람 많은 나라
그러나 수수하게 차려 입고
하루하루 즐겁게 사는 사람들

이제 내일이면
광풍과 칼바람 몰아치는 살벌한
조국이지만
돌아가야지
정든 고향산천과
그대가 살고 있는 땅으로

이제 더 이상 아무것도
바칠 것 없는 힘없는 사람이지만
종점이 멀지 않은 삶이지만
과욕과 독선을 묻고
화합과 사랑을 실천하며
아름답게 살아야지

남태평양이여 안녕!

북해도(北海道)의 가을

황갈색으로 변해가는 나무들
화려했던 봄여름의 꽃들은 시들었지만
북해도의 가을은 불타고 있다

오도리(大通)공원*의 산책길에는
바람이 불 때마다 우수수
잎새들이 마지막 춤을 춘다

보도에 깔린 낙엽들은
뚜르르 뚜르르 굴러다니며
이제는 힘없이 대롱대롱
매달려 있는 이파리에게
속히 내려오라고 소리친다

친구야!

스산한 가을비는 내리고
짓밟히고 축축한 낙엽들은
숨을 거둔 채 버려져 있구나

바람에 떨고 비에 젖은 우리도
언젠가 낙엽이 될지니
대자연으로 떠날 채비를 서서히 해야겠지.

* 오도리(大通)공원 : 일본 북해도 삿포로 시가지 중심에 있는 큰 공원. 공원에는 화려한 정원들과 화단 분수, 잔디밭 등이 이어지고 긴 산책로와 많은 벤치가 있다. 1년 내내 다양한 축제가 벌어진다.

• 수필

"어머니" 소리만 들어도
가슴이 찡해오고

"철언아, 소변보고 들어 가거래이!"

중학교 고등학교 대학교 입학시험, 사법시험 등 큰 시험 때마다 어머니는 내가 친구들 보기에 민망할 정도로 현장에 함께 따라다니시다가, 시험장으로 들어가는 나에게 마지막으로 부탁하시던 말이다. 긴장된 시험 중 소변 때문에 답안을 제대로 쓰지 못할까봐 노파심에서 하신 말씀이다.

매섭게 추운 겨울, 어머니는 그때만 해도 흔치않던 게 독서실인지라 동네와 좀 떨어진 산비탈에 세워진 가건물의 독서실까지 밤길을 걸어 따뜻한 도시락을 날라다 주셨다. 사법시험 준비하느라 경북 영천군 은해사 운부암에 몇 달 기거하는 동안 무더운 여름 볕을 마다하지 않으시고 대구에서 밑반찬을 마련하여 한 시간여 산길을 그렇게 자주 오르내리셨다. 내가 정치현장에 있을 때는 숱한 사찰과 노인정을 다니시며 또 달리는 택시 안에서도 가장 열심히 애쓰는 홍보요원이셨다.

어머니는 안동 김씨 가문의 당(堂)자, 한(漢)자 어른으로 올해 88세이시다. 내가 10년 전 정치보복을 당해 1년 4개월간 억울한 감옥살이를 하는 동안, 아들을 위해 백일기도 드리다가 평상에서 떨어져 허리를 다친 것 말고는 아직도 비교적 건강하시다.

20여 년 전 대구 노인대학 부회장에서부터 17년째 할머니회 회장을 맡아하시고, 지금도 적십자 할머니봉사단장 일을 하시고 있다.

지난 달, 노인대학의 요청으로 '백세노인시대를 위한 노인의 길'이란 주제로 이틀 동안 3차례 90분간씩 특강을 한 일이 있다. 집에서 1시간 거리의 강의 장소까지 세 번 모두 오셔서 줄곧 불편한 의자에 앉아 계시고서도, 아들의 승용차에 함께 타기를 사양하고 동네 노인들과 어울려 처신하시는 우리 어머님이다.

세상에 어머니와 가깝지 않는 아들이 어디 있겠는가만은 6형제 중의 차남인 나와 어머니는 유달리 친한 사이다. 고향집을 떠나 있을 때가 많은 나는 자주 엄마에게 전화를 한다.

"목소리 들어보니 감기 끼가 있구나. 약은 먹었느냐? 대학병원에서 특별히 조제한 약이 있는데, 보내주마. 니(너)는 내(나)하고 체질이 같으니 내한테(나에게) 잘 듣는 약이 니한테도 맞다."

고향에 가면 빠짐없이 어머니 집을 찾는다. 구십을 바라보는 어머니는 언제나 곱게 화장하시고 깨끗한 옷으로 갈아입고 아들을 기다리신다. 그리고 직접 부엌에서 아들의 식탁을 준비하며 정성을 다 하신다. 행여 너무 바빠 방문이 늦어지면 어머니는 전화를 받는다.

"바빠도 밥 때 글러지(놓치지) 마라. 식사 약속 애매하면 언제라도 집에 오너라. 니 잘 먹는 칼치 굽고 묵은 김치도 있다. 서울 가기 전에 얼굴 볼 수 있겠나?"

어머니는 아들 얼굴빛만 보아도, 전화 목소리만 들어도 몸 상태나 기분의 흐름을 꿰뚫어 아신다. 30년 넘게 함께 살고 있는 아내보다도 더욱.

"왜 얼굴이 그렇노? 기분 나쁜 일 있나? 마음 크게 먹어라. 시간이 해결한다."

"너무 피곤해 보인다. 병날라(병날지 모르니), 쉬어가면서 해라. 이거(이것) 특별히 만든 우황청심환인데 먹어볼래? 안 먹으면 드링크라도 한 병 해라. 이거는 카페인 안 들었다 카더라(하더라)."

지난 어버이 날이었다.
"엄마, 건강은 어떤가요?"
"내(나)야 이제 그렇고 그렇다. 걱정 마라. 나이가 있지 않나."
"엄마! 100세까지는 건강하게 사셔야 합니다."
"아이구, 늙어서 그렇게 오래 살아 머하노(뭐 하느

야). 니(너) 크게 되는 거만 보고 죽어야지. 그때까지는 내가 도와야지."

"엄마, 채소, 과일 많이 드시고, 운동 많이 해야 합니다."

"강의 들으러 봉사단에 나가고, 자연보호운동 한다고 휴지 주우러 다니는 게 고작이다."

"엄마, 오늘은 목소리가 기분이 좋아 보이는데요?"

"그래, 감기 끼가 오래가서 몸이 무겁더니 오늘은 좀 낫다. 니(너) 목소리 들으니 기분이 좋다."

일찍이 나폴레옹은 "자식의 운명은 늘 그 어머니가 만든다."고 했다. 나는 뚜렷하고 명확한 삶의 형상을 어머니를 통해서 배워 왔다. 아까운 것 없이 다 내어주고, 나의 어떤 허물에도 절대적인 내 편이 되어주는 어머니, 항상 지켜주고 격려해 주는 어머니의 사랑은 끝이 없다. 어머니는 모든 사랑과 자비와 용서와 동정의 원천이다.

누군가가 "어머니"라고 말하는 소리만 들어도, 내 가슴은 찡해오고 우리 엄마 생각이 머리에 차오른다.

어머니, 어머니는 위대합니다.

나는 어머니를 사랑합니다.

(어머니는 2016년 5월, 101세를 일기로 소천하셨다.)

* 『나의 어머니』에 수록(순수문학사 2003. 10. 25. 출간).

• 수필

치열하게 사시다 불현듯 떠나신 아버지

"저에게 언제나 냉철한 지성, 불굴의 용기, 뜨거운 가슴을 지니라는 가르침을 주신, 지금은 어쩌면 초라하게 보이는 경산군 남천면 백합공원묘지에 잠들어 계시는 선친(泰자 亨자)의 영전에 삼가 이 작은 책자를 바칩니다." 1992년 졸저 『변화를 두려워하는 자는 창조할 수 없다』(고려원 발간)를 펴내면서 책머리에 이렇게 썼다.

그렇게도 강건하시던 선친께서는 내가 검사 시절이던 1980년 급성폐렴으로 72세에 타계하셨다. 입원 열흘만이었다. 너무 건강하시어 감기에도 새벽조깅을 고집하시다가 뒤늦게 병원으로 실려가셨다. 회복가능성이 보이지 않자 어머님과 우리들 6형제는 모두 제정신이 아니었다.

그 열흘 동안 둘째 아들인 나는 꼬박 아버지와 함께 하였다. 중환자 응급실에서 꺼져가는 심장의 마지막 박동 그래프를 지켜보면서, 아버지의 상반신을 내 가슴에 안고서 조용히 눈을 감겨드렸다. 아버지의 유지대로 공원묘지에 모시면서 나는 석공에게 묘석에「眞하게 强하게 最善을 다하신 님이시여, 고이 잠드소서」라고 새겨 달라고 부탁하였다.

어릴 적에 아버지는 나에게 두려운 존재였고 어른이 되어서는 존경의 상징이었다. 초등학교 3학년 때 6·25전쟁이 나고 그 후 몇 년간 우리 집은 생계를 위해 닭 수백 마리, 돼지 십여 마리, 염소 몇 마리를 기르고 있었다. 염소에게 풀 먹이기, 자전거로 달걀 배달하기는 그래도 할 만했지만 닭똥과 돼지우리 청소는 무척 하기 싫었다. 더구나 집수리를 위해 구부러진 못을 다시 쓸 수 있도록 망치로 곧추는 일은 잘못하면 손가락을 쳐서 다치기도 했다. 그러나 아버지의 지시를 어길 수는 없었다.

중학교 3학년 수학여행 때의 일이다. 아버지가 오래 쓰시던 낡은 가죽가방 대신에 외가에서 새 가방을 빌려왔다가, 그런 정신 상태로는 여행을 가지 말라는 엄한 꾸지람에 밤새 혼이 났다. 출발 직전에야 간신히 용서를 받아 낡은 가방을 들고 여행을 떠나면서 아버지의 엄격함을 원망했다.

새벽이면 어김없이 우리들을 깨워 반강제로 운동을 시키셨다. 매섭도록 추운 겨울의 새벽 산책길은 정말 고통스러웠다. 그때만 하더라도 오리털 잠바도 방한모

자도 두터운 양말도 없이, 기껏해야 검정물들인 미군 담요로 옷을 해 입는 게 고작이었다. 바람은 왜 그리 세게 부는지 오들오들 떨어야 했다.

그러나 아버지께서는 태연히 우리들을 피난민과 빈민이 몰려 사는 판자촌으로 데리고 다니셨다. 거기에는 대·소변까지 섞인 하수도 물이 미끌미끌하게 얼어붙고 누더기 옷을 걸친 사람들이 시커먼 얼굴로 움막 같은 집을 들락거리고 있었다.

"이 사람들도 너희들과 같은 인간이고 같은 민족이다. 너희들은 커서 이런 사람들도 함께 잘 살 수 있는 밝은 사회를 만들어야 할 책임이 있다. 명심해라."

그때는 선친의 뜻을 깨닫지 못했었다.

4남매의 맏이였던 아버지는 11세에 할아버지께서 갑자기 돌아가시자 학업을 위해 15세에 혈혈단신 일본으로 건너가셨다. 처음에는 밤낮으로 일만 하시다가, 차차 낮에는 일, 밤에는 학교, 그 후 낮에 학교, 밤에는 일 그렇게 전문학교까지 힘들게 마치셨다. 조국으로 돌아와 31세 늦은 나이에 안동 김씨 집안의 어머니(棠자 漢자)와 가정을 꾸리시게 되었다.

그 후 고모부의 큰 염직공장에서 몇 년간 지배인 일을 보시던 아버지께서는 서울로 가셔서 직접 염직회사를 차리고 무역업도 하게 되면서 기업가로서 상당히 성공하셨다. 우리 6형제를 대학까지 공부시키고 결혼을 할 때는 모두 집까지 사주셨다.

그러나 아버지께서는 버스와 전차를 즐겨 타시고, 메밀국수, 칼국수를 좋아하셨다. 밥상에 반찬이 세 가지 이상 오르면 어머니를 나무라셨다. 한평생을 검소하게 생활하시며, 잠시도 쉬지 않고 부지런히 일하셨다. 그렇지만 학교육성회장으로 그리고 불우한 이웃돕기에 큰돈을 서슴없이 내놓아 주위 사람들을 놀라게 했다. 반주를 곁들인 기분 좋은 저녁식사 후에는 바이올린을 켜시면서 눈을 지그시 감고 황성옛터를 노래하시던 모습이 눈에 선하다. 성악가인 둘째 딸 상영이가 오페라의 프리마돈나로 갈채 받고 있는 것이 할아버지 때문인지도 모르겠다.

아버지께서는 한평생을 힘들게 사시다가 자식들 덕분에라도 편히 지내실 수 있게 되었을 때 그렇게 홀연히 돌아가셨다.

아버지! 일생을 그토록 치열하게 사시다가 불현듯 떠나버리신 아버지!

저는 아버지를 존경합니다.

아버지! 아버지가 그립습니다.

* 「나의 아버지」에 수록(순수문학사 2004. 6. 10. 출간).

연보

- 경복 중·고등학교 졸업
- 서울대학교 법과대학, 서울대학교 사법대학원 졸업(법학석사)
- 제8회 사법시험 합격
- 군 복무(1969년~1972년 육군 법무관)
- 미국 조지워싱턴 법과대학원 및 조지타운대학교 수학
  (공법 · 노동법 · 형사실무연구)
- 한양대학교 헌법학 분야 법학박사
- 미국 펜실베니아주 디킨슨 법과대학교 명예법학 박사학위 취득
- 월간 『순수문학』 등단(1995년)
- 한국문인협회 회원
- 국제펜클럽 한국본부 회원
- 제10회 서포(김만중)문학상 대상, 순수문학작가상, 제19회 순수문학 대상, 제8회 세계문학상 대상, 제19회 영랑(김문식)문학상 대상, 제12회 시세계문학상 대상 수상
- 제20회 김소월문학상 본상
- 보국훈장 천수장, 청조근정훈장, 헝가리 십자공로훈장 수훈
- 부산·서울지검 검사 및 서울지검 특수부장 검사로 13년간 활동
- 청와대 정무비서관, 법률비서관 역임
- 검사장(법무연수원 연구위원) 역임
- 국가안전기획부 특별보좌관 역임
- 북방정책·통일정책 수행을 위해 미수교국을 수십 차례 비밀출장
- 대통령 정책보좌관 역임
- 정무장관 역임
- 체육청소년부 장관 역임
- 13·14·15대 국회의원 역임

- 김영삼 정권의 정치보복으로 투옥
- 일본 도까이 대학 객원교수 역임
- 미국 보스톤 대학 아시아 경영연구소 객원교수 역임
- 건국대학교 언론홍보대학원 석좌교수 역임
- 한반도복지·통일재단·(사)대구경북발전포럼 이사장, 변호사
- 독일 막스 프랑크 연구소, 중국 북경대학 초청 특별연설
- 서울대, 고려대, 연세대, 한양대, 경희대, 국민대, 경기대, 경북대, 영남대, 계명대, 전남대, 목포대, 제주대, 장로회 신학대학교 등 전국 수십 개 대학에서 초청 특별강연

▶ 박사논문

〈언론의 자유와 국가안보의 상충과 조화에 관한 연구〉

▶ 저서

『변화를 두려워하는 자는 창조할 수 없다』
『바른 역사를 위한 증언 1, 2』
『옥중에서 토해내는 한』
『4077 면회왔습니다』

▶ 시집

『작은 등불 하나』
『따뜻한 동행을 위한 기도』
『바람이 잠들면 말하리라』
『산다는 것은 한 줄기 바람이다』

문학세계대표작가선 980

오늘이 좋아 그래도

박철언 제5시집

인쇄 1판 1쇄   2022년 11월 14일
발행 1판 1쇄   2022년 11월 21일

지 은 이 : 박철언
펴 낸 이 : 김천우
펴 낸 곳 : 도서출판 천우
등   록 : 1992. 2. 15. 제1-1307호
주   소 : 서울시 성동구 무학봉28길 6 금용빌딩 2F
전   화 : 02)2298-7661
팩   스 : 02)2298-7665
http://blog.naver.com/cw7661
E-mail : cw7661@naver.com

ⓒ 박철언, 2022.

값 15,000원

＊도서출판 천우와 저자의 서면 동의 없는 무단 전재 및 복제를 금합니다.
＊저자와의 협의에 따라 인지는 생략합니다.

ISBN 978-89-7954-883-9